Serie Archivo del Center For Security Policy

UN MEMORANDUM EXPLICATORIO

De los archivos de la

HERMANDAD MUSULMANA

en AMERICA USA

Contacte al Center for Security Policy para pedidos al por mayor.

Para mayor información sobre este libro, visite:
Securefreedom.org

Un Memorándum Explicatorio : de los archivos de la hermandad musulmana en América es publicado en los Estados Unidos por el Center for Security Policy Press, una división del Center for Security Policy.

ISBN-13: 978-1530711512
ISBN-10: 1530711517

THE CENTER FOR SECURITY POLICY
Washington, D.C.
Teléfono: (202) 835-9077
Correo E: info@securefreedom.org

Para mayor información, visite: securefreedom.org

Diseño de libro por Adam Savit
Actualizado en Julio del 2017

CONTENIDO

"El proceso de colonización es un 'Proceso de Civilización-Yihadista' en todo sentido de la palabra. El Ikhwan (Miembro de la Hermandad Musulmana) debe entender que su misión en Norteamérica es un tipo de Yihad grandioso (guerra moral sagrada contra los infieles), que aspira a eliminar y destruir la civilización occidental desde adentro "saboteando" su miserable casa con sus propias manos y las manos de los creyentes, para que ésta sea eliminada y así la religión de Ala reinará triunfante sobre todas las demás religiones."

Extraído del Memorándum Explicatorio

INTRODUCCION

En Agosto de 2004, un miembro de la policía del Departamento de Transportes del Estado de Maryland, observó a una mujer vestida en el estilo tradicional Islámico, tomando un video del sistema estructural de soportes del Puente Chesapeake Bay desde un vehículo. El oficial le ordenó a la mujer y al conductor del vehículo detenerse y procedió a investigarlos. El conductor del vehículo fue identificado como Ismail Elbarasse y fue detenido por una Orden Judicial Pendiente (emitida en la ciudad de Chicago, Illinois) como Testigo Esencial, en conexión con una operación de recaudación de fondos para Hamas.

A continuación, la oficina local del FBI en Washington, DC, emitió una orden de allanamiento en la residencia de Elbarasse en Annandale, Virginia. En su propiedad se encontró una numerosa cantidad de documentos, archivos, videos y cintas de audio, además de varios documentos, que resultaron ser los archivos de la Hermandad Musulmana en Norteamérica.

Entre los documentos se encontraron piezas documentales que confirmaban lo que investigadores y expertos en actividades anti-terroristas han venido sospechando desde hace mucho tiempo. Muchas de las organizaciones Musulmanas que operan en los Estados Unidos están bajo el control de la Hermandad Musulmana..

De acuerdo a la doctrina de supremacía Islámica, conocida como la ley de Sharia, a la cual la Hermandad Musulmana se adhiere, éstos grupos serian hostiles a este país, a su Constitución y a sus libertades. Los documentos demuestran claramente que el único objetivo de éstos grupos es implementar la ley Islámica en América, a la vez, fomentando el re-establecimiento de un califato global.

Uno de éstos documentos, fue utilizado como evidencia durante el juicio en contra del Holy Land Foundation. Este documento resulto ser el plan estratégico de la Hermandad Musulmana en los Estados Unidos, titulado, "Un Memorándum Explicatorio : El Objetivo Estratégico General para el Grupo en Norteamérica."

El Memorándum Explicatorio fue escrito en 1991 por un miembro de la Junta Directiva de la Hermandad Musulmana en Norteamérica que también es un alto líder de Hamas llamado Mohamed Akram. Este documento ya había sido aprobado por el directorio del Consejo Shura de la Hermandad Musulmana con la intención de que sea visto exclusivamente por los líderes de la Hermandad en Egipto. Definitivamente la intención no fue que terminara en manos del público, especialmente en los Estados Unidos, la sociedad marcada para su destrucción,

Por esta razón el memorándum constituye una especie de piedra Roseta para comprender la Hermandad Musulmana, sus metas, procedimientos e infraestructura en América. Se puede argumentar que es el documento crítico más importante para entender a ésta sociedad secreta. Como consecuencia, éste documento se convierte en lectura obligatoria para los representantes de gobierno encargados de política pública y para el público en general.

El Center for Security Policy publicó este documento en su integridad como un apéndice en el exitoso informe del Reporte del Equipo B II (Team B Report) en 2010) llamado, Sharia: La Amenaza a América (Un Ejercicio en Análisis Competitivo). El libro describe una enormidad de información y es recomendado como una fuente de información en cuanto a la ideología o doctrina que inspira a la Hermandad Musulmana y otros grupos Islamistas , Sharia, y las técnicas a través de las cuales la Hermandad ha ido avanzando su agenda en América y en el resto del mundo.

Con la esperanza de promover una mejor lectura del Memorándum Explicatorio , el Centro (Center for Security Policy) ha reproducido este documento en forma de libro. Los pasajes que son especialmente importantes aparecen resaltados en las páginas en letras oscuras.

Entre los párrafos que merecen más atención se encuentra el que mejor describe la misión moral de la Hermandad Musulmana en América:

> "El proceso de colonización es un 'Proceso de Civilización-Yihadista' en todo sentido de la palabra. El Ikhwan (Miembro de la Hermandad Musulmana) debe entender que su misión en Norteamérica es un tipo de Yihad grandioso (guerra moral sagrada contra los infieles), que aspira a eliminar y destruir la civilización occidental desde adentro "saboteando " su miserable casa con sus propias manos y las manos de los creyentes, para que ésta sea eliminada y así la religión de Ala reinara triunfante sobre todas las demás religiones."

El Equipo B II comento:

> En otras palabras, el plan del Ikhwan para destruir a los Estados Unidos es que nuestros propios líderes hagan el trabajo de auto destrucción. La idea es cooptar a nuestros líderes y lograr acceso en nuestros propios campos, para que a su vez, seamos nosotros los que avancemos sus

intereses. La forma como el Ikhwan tiene planeado llevar a cabo su plan de "civilización yihadista" es influyendo sobre nuestros líderes dando una falsa imagen y narrativa sobre el Islam y de la verdadera intención de la Hermandad Musulmana. De esta manera, la Hermandad Musulmana manipula y obliga a nuestros líderes a imponer la versión de la HM en el electorado y miembros constituyentes.

Otro elemento del Memorándum igualmente importante es su anexo. Bajo el titulo "Una Lista de Nuestras Organizaciones y Organizaciones Amigas" Akram identifico a 29 grupos que dan cubierta a la Hermandad Musulmana aparentando ser organizaciones legitimas. Muchos de ellos, aún después de 22 años, siguen funcionando prominentemente como miembros de la HM en los Estados Unidos.

Con justa razón para preocuparse, miembros del gobierno Americano frecuentemente identifican a miembros de alto rango de estos grupos como "líderes" de la comunidad Musulmana en los Estados Unidos". Como consecuencia, éstas mismas organizaciones son tratadas como "aliados" en la lucha "combatiendo el extremismo violento" junto con otras iniciativas similares. Obviamente, estos hechos abren las puertas a la penetración de influencias nefastas dentro del gobierno Americano y dentro de la sociedad civil en general.

Apelo a Uds., los lectores de este pequeño libro, a que lo compartan con otras personas—familiares, amigos, colegas y especialmente personas en posición de influencia y en la adopción de pólizas de gobierno que resguarden a nuestro país de la amenaza que Sharia representa junto a su más agresivo y eficaz promotor, la Hermandad Musulmana.

Frank J. Gaffney, Jr.
Febrero 2013
Washington, DC

3

SOBRE EL DOCUMENTO (OBTENIDO DE 'SHARIA: LA AMENAZA A AMERICA')

El documento siguiente, pertenece a la Hermandad Musulmana. Éste fue utilizado como evidencia en el juicio EEUU vs Fundación Tierra Santa (Holy Land Foundation). Además de exponer una amenaza basada en información de primera mano, nos provee con una profunda comprensión sobre la Hermandad Musulmana y sus organizaciones, con especial énfasis en el tema de Yihad Mundial. Estos documentos (descritos ampliamente en el 4to capitulo) definen la estructura e identifican a las organizaciones domesticas yihadistas, organizaciones asociadas no-gubernamentales, potenciales terroristas y sistemas de apoyo insurgentes. El Memorándum también describe aspectos del yihad mundial y sus tácticas para implementar su guerra ideológica, y a la vez expone sus objetivos y su estrategia para lograrlo. Ésta información ya cumplió con los requisitos para ser utilizada como evidencia en una Corte de Justicia Federal.

En el documento original, las primeras 16 paginas están escritas en árabe. Las paginas siguientes contienen la traducción al Inglés. Están fechadas en Mayo 22, 1991 y tituladas "Un Memorándum Explicatorio sobre el Objetivo General Estratégico para la Organización en Norteamérica" (Memorándum). El documento contiene Anexo I que incluye "una lista de nuestras organizaciones y de organizaciones amigas."

El Memorándum reconoce explícitamente a la Hermandad Musulmana (Ikhwan) como la entidad líder que controla al resto de las organizaciones y es ala vez responsable de asegurar la implementación de los objetivos estratégicos. La reproducción del Memorándum está basada en la traducción oficial de la Corte Federal, con el número de Prueba Documental 003-0085 3:04-CR-240-G en el juicio EEUU vs Fundación Tierra Santa (Holy Land Foundation), et al. Transcrito textualmente.

بسم الله الرحمن الرحيم

الحمد لله رب العالمين و الصلاة و السلام على سيد المرسلين

مذكرة تفسيرية

للهدف الإستراتيجيّ العام للجماعة في أمريكا الشمالية
١٩٩١/٥/٢٢

المحتويات :

١- مقدمة في التفسير .

٢- مفهوم التوطين .

٣- عملية التوطين .

٤- مؤسسات التوطين الشاملة .

١

UN MEMORANDUM EXPLICATORIO SOBRE EL OBJETIVO ESTRATEGICO DE LA ORGANIZACIÓN EN NORTEAMERICA: 5/22/1991

En el nombre de Dios, el Caritativo, el Misericordioso

Gracias a Dios, Señor de los Dos Mundos

Benditos sean los Piadosos

Nuestro querido hermano/El General Masul, que Dios lo conserve

Nuestro querido hermano/secretario del Consejo Shura, que Dios lo conserve

Nuestros queridos hermanos/Miembros del Consejo Shura, que Dios los conserve

Que la Paz de Dios, misericordia y bendiciones este con Uds ... Seguimos,

Le pido a Dios Todopoderoso que Uds., vuestras familias y aquellos seres queridos en vuestro entorno, se encuentren en las mejores condiciones, agradando a Dios, glorificado sea Su nombre.

Les envío esta carta con la esperanza de atraer vuestra atención y de que ésta reciba una cuidadosa atención, ya que son Uds. los escogidos y a los que se les ha otorgado nuestra confianza. Uds. poseen en sus manos un "Memorándum Explicatorio," en el cual he puesto mucho esfuerzo escribiéndolo para que nuestro ideal quede guardado en vuestros corazones y vuestras mentes. Es así que comparto con vosotros. parte de la responsabilidad en el liderazgo del Grupo en este país.

Quizás, la razón que me ha alentado a presentar el memorándum en estos momentos en particular, es el sentimiento, de que existe "un rayo de esperanza" y de que este es el comienzo de una época de buenos augurios que trae consigo la buena noticia de que nos hemos embarcado en una nueva etapa de activismo Islámico en éste continente.

Tienen en sus manos unos papeles que no abundan en extravagancias, ni en imaginaciones o alucinaciones como algunos de nuestros hermanos pueden llegar a pensar. Estos documentos más bien reflejan esperanzas, ambiciones y retos que espero Uds. compartan algunas de ellas, sino su mayoría, conmigo. No sostengo su infalibilidad o su absoluta rectitud pero éstos representan una invitación que requiere ser estudiada, analizada en detalles y sobretodo incorporada en cada uno de Uds.

Mi solicitud a Uds. hermanos míos, es que lean el memorándum y que extraigan de los comentarios y correcciones las partes que prefieran, teniendo en cuenta que lo que tienen en sus manos no es algo extraño o representa una presentación novedosa ninguna raíz alguna, sino más bien, éste documento es un intento de interpretar y explicar lo que viene a ser parte del plan que aprobamos y adoptamos en nuestro consejo y en nuestra conferencia en el año (1987).

Así, mis ilustres hermanos, no se apresuren a desechar estos papeles debido a sus rutinas y preocupaciones del día a día. Lo único que les ruego es que lo lean, que lo compartan y lo comenten, con la esperanza de que juntos continuemos el proyecto de nuestro plan y del trabajo que nosotros los Islamistas debemos hacer en esta parte del mundo. Si Uds. así lo hacen, , yo les estaré profundamente agradecido.

También le pido a mi ilustre hermano, el Secretario del Consejo, que incluya el tema del memorándum en la agenda del Consejo en su próxima reunión.

Que Dios los recompense y los mantenga para su proselitismo.

Vuestro hermano, Mohamed Akram

En nombre de Dios, el Caritativo, el Misericordioso
Gracias a Dios, Señor de los Dos Mundos
Benditos sean los Piadosos

Tema de discusión: Un proyecto para un memorándum explicatorio para las metas Generales Estratégicas para el Grupo en Norteamérica mencionado en el plan a largo plazo.

Uno: El Memorándum se deriva de:

Las metas generales estratégicas del Grupo en América, el que fue aprobado por el Consejo Shura y la Conferencia Organizacional llevada a cabo en el año (1987) de "Facilitar el Posicionamiento Estratégico delIslam en América del Norte. Esto significa: establecer un Movimiento que sea efectivo y firme, guiado por la Hermandad Musulmana, la cual adopta causas Musulmanas tanto domésticas como globales, las cuales se esfuerzan en expandir la base de los Musulmanes practicantes y está enfocada a unificar y a dirigir todas las acciones Musulmanas. Esto se llevaría a cabo presentando al Islam como una civilización alternativa y apoyando al Estado Global Islamista donde quiera que se encuentre."

1. *La prioridad aprobada por el Consejo Shura para el trabajo del Grupo en su sesión pasada y presente, es la "Colonización"*

2. *La relación harmoniosa con los hermanos en el Circulo Islamita con el fin de llegar a una unidad de integración.*

3. *La constante necesidad de pensar y planear el futuro, intentando dar forma al presente, con el objetivo de satisfacer las necesidades y retos futuros.*

4. *El reciente documento presentado por su eminencia, el General Masul, que Dios lo proteja, a los miembros del Consejo.*

Dos: Una Introducción al Memorándum Explicatorio :

Antes de empezar con la explicación, debemos "convocar" la siguiente pregunta y ponerla frente a nuestros ojos dada la importancia de la relación y la necesidad entre la meta estratégica y la explicación del proyecto en el que nos estamos embarcando. Nos hacemos una pregunta: Como quisieran Uds. ver al Movimiento Islamista en diez años"? Mientras se planea y se trabaja, se podría tomar en cuenta el siguiente título "El Plan de Acción Islámico en Norteamérica en el año (2000): Una Visión Estratégica."

También debemos convocar y tomar en cuenta los "elementos" de la Meta General Estratégica del Grupo en Norteamérica, los cuales repetiré enumerándolos. Estos son:

1. *[Establecer un Movimiento Islamita firme y efectivo, encabezado por la Hermandad Musulmana.*

2. *Adoptar causas Musulmanas domésticas y globales.*

3. *Expandir la base Musulmana observante.*

4. *Unificar y orientar las actividades de todos los grupos Musulmanes.*

5. *Presentar al Islam como una civilización alternativa.*

6. *Apoyar el establecimiento del Gobierno Islámico global donde quiera que este].*

Debe de ser enfatizado, lo que se ha convertido en algo muy claro y rotundamente sabido, y en lo que estamos todos de acuerdo: Debemos "colonizar" o "fortalecer" al Islam y a su Movimiento en esta parte del mundo.

Es así como un entendimiento común del significado del concepto de colonización y fortalecimiento debe de ser adoptado, a través de cuyas bases, explicaremos la meta general estratégica para el Grupo en Norteamérica junto con sus seis elementos.

Tres: El Concepto de Colonización:

Este concepto fue mencionado en el "diccionario" del Grupo y en documentos con diferentes significados, a pesar de que todos decían lo mismo. Estamos seguros que nuestra interpretación de la esencia del tema es la misma. Trataremos de darle a cada palabra su verdadero "significado" junto a una explicación practica y fiel al estilo del Movimiento y no una explicación filosófica o lingüística. Deseamos enfatizar que esta explicación es incompleta hasta que no hayamos aclarado "el proceso" de colonización y éste haya sido entendido. Brevemente lo resumiremos de la siguiente manera::

Colonización:	*"Que el Islam y su Movimiento tornen parte del país donde viven."*
Asentando Bases:	*"Que el Islam construya organizaciones sólidas sobre cuyas bases se construya la civilización, la estructura y el testimonio islámico*
	Que el Islam sea estable en aquellas tierras adonde los Musulmanes vivan
Apoderamiento:	*"Que el Islam fortalezca y viva dentro de las almas, mentes y vidas de la gente de aquel país donde Musulmanes residan"*
Echando Raíces:	*"Que el Islam no sea algo pasajero, sino más bien que se arraigue en la tierra donde se ha plantado."*

Cuatro: El Proceso de Colonización:

Para que el Islam y su Movimiento sean "parte de la tierra" – su nueva patria," donde vive "seguro" en la tierra, "arraigado" en el espíritu y mente de su gente, y "fortalecido" dentro de la vida de la sociedad y con "organizaciones" ya firmemente establecidas – en las cuales la base de Islam es construida- el Movimiento debe planear y luchar para obtener "las claves" y las herramientas necesarias para que este proceso logre su gran misión, la de una "Civilización Yihadista." Ésta responsabilidad está en manos de cada Musulmán y por encima de ellos, esta la Hermandad Musulmana en este país. Las claves y herramientas a las que no referimos son las siguientes:

1-   Adopción del concepto de colonización y de su implementación

El Memorándum Explicatorio está centrado en el Movimiento y en el aspecto realista del proceso de colonización junto a su significado practico sin prestar atención a las diferencias de interpretación entre un residente y uno que no lo es o entre uno que está establecido y uno que no lo está. Pero consideramos que lo que hemos escrito con respecto al plan a largo plazo es suficiente.

2-   Hay que cambiar radicalmente nuestra forma de pensar y mentalidad para poder enfrentar los desafíos que nuestra misión de colonización nos presenta

Lo que éste cambio representa - que es una expresión positiva – es responder a los grandes retos que el tema de colonización presenta. Creemos que una verdadera transformación, empieza con una modificación en la forma de pensar que se origina primero en la mente de cada individuo. Como requisito para poder entender lo crucial que es este cambio y poder volcarnos al campo colonizador, lo siguiente debe de haberse logrado:

-    *Un transformación de una forma de pensar "amputada" hacia una mentalidad "continua" y exhaustiva.*

- *Una transformación de una forma de pensar cautelosa y reservada hacia una más riesgosa y de liberación controlada.*

- *Una transformación de una mentalidad de Movimiento elitista hacia un Movimiento popular.*

- *Una transformación en la mentalidad de apostolado y guía hacia una de construcción y declaraciones de fe.*

- *Una transformación de una opinión individual a una opinión mayoritaria.*

- *Una transformación de una mentalidad de conflicto hacia una de absorción.*

- *Una transformación de una mentalidad individual hacia una de equipo.*

- *Una transformación de una mentalidad reactiva y anticipatoria a una mentalidad pro-activa y de iniciativa.*

- *Una transformación de una mentalidad dubitativa y vacilante hacia una más firme y determinada.*

- *Una transformación de una mentalidad basada en principios hacia una basada en programas.*

- *Una transformación de una forma de pensar basada en conceptos abstractos hacia una que piense en términos de estructuras organizadas.*

[Este es el punto clave y la esencia del memorándum]

3- **Comprendiendo las etapas históricas por las que el activismo Islamista Ikhwani ha evolucionado en este país:**

El escritor de este memorándum cree que es importante reconocer todas las etapas por las que el activismo Islamista ha pasado a través de la historia, en este continente, bajo el continuo liderazgo de la Hermandad Musulmana. Dicha comprensión es crucial para poder avanzar en la marcha hacia la colonización, con todos los cambios que se presentan en el camino. Es suficiente mencionar sólo el título de cada una de las etapas {El titulo describe cada etapa} {Probablemente más detalles aparecerán en otro informe}. Las etapas son las siguientes:

A. La etapa de búsqueda de una identidad

B. La etapa de auto crecimiento y reajustes en la organización.

C. La etapa de las mezquitas y los centros Islámicos.

D. La etapa de construcción de organizaciones Islámicas – primera parte.

E. La etapa de construcción de escuelas Islámicas – primera parte.

F. La etapa de pensar el Movimiento Islámico como una identidad pública y abierta – primera parte.

G. La etapa de apertura hacia otros movimientos Islámicos y de llegar a una fórmula para integrarlos a nuestro movimiento – primera parte.

H. La etapa de revivir y establecer las organizaciones Islamistas – segunda parte.

Creemos que nuestro Grupo ya está embarcándose en la segunda parte de ésta etapa. Por lo tanto, ésta segunda parte tiene que abrir la puerta y entrar como lo hizo la primera vez.

14

4- **Entendiendo el papel de la Hermandad Musulmana en Norteamérica:**

El proceso de colonización es un "Proceso de Civilización-Yihadista" en todo sentido de la palabra. El Ikhwan debe comprender que su trabajo en América es un tipo de Yihad grandioso, que aspira a eliminar y destruir la civilización Occidental desde sus cimientos, "saboteando" su casa miserable con sus propias manos y las manos de los creyentes para que sea eliminada y la religión de Ala triunfe victoriosa sobre todas las demás religiones. Sin este nivel de entendimiento, no estaremos listos para este reto ni estaremos preparados todavía para Yihad. Es el destino de cada Musulmán de llevar a cabo Yihad y de trabajar donde quiera que se encuentre hasta que llegue la hora final. No hay escapatoria de este destino excepto para los que eligen aflojar. Serían los flojos y los Muyahidín lo mismo?

5- **Entendiendo que no podemos ejecutar la misión de colonización por nuestra cuenta o al margen de la masa de gente:**

Una misión tan trascendental y tan enorme como es la misión de colonización, necesita esfuerzos grandiosos e incansables.

El Ikhwan con todos sus recursos humanos, financieros y científicos, no podrá ejecutar su misión por sí mismo o al margen de la masa de gente , ni siquiera los que lo creen equivocado, Ala lo sabe. El papel del Ikhwan debe de ser el de pionero, un líder que toma iniciativa levantando la bandera y empujando a los demás en esa dirección. Más adelante, se trabajará para emplear, dirigir y unificar el esfuerzo y el poder adquirido por los Musulmanes para avanzar éste proceso. Para poder lograr éste objetivo debemos dominar el arte de hacer "alianzas, el arte de "incorporación" y los métodos de "cooperación."

6- **La necesidad de lograr una unión, balance e integración entre el trabajo confidencial y el trabajo público:**

Creemos que lo que se ha escrito sobre este tema es abundante y suficiente. Pero, se necesita tiempo y un marco realista para conseguir lo que se necesita, de una manera progresiva y balanceada para que sea compatible con el proceso de colonización.

7- **La convicción que el éxito de colonización Islámica su Movimiento en este país es también el éxito del Movimiento Islamista global y un verdadero respaldo hacia el estado al que aspiramos, Dios mediante:**

Existe una creencia – con la que este memorándum está en desacuerdo – que nuestro enfoque tratando de colonizar este país en nombre de Islam, nos llevara a descuidar nuestra obligación con respecto al proyecto del Movimiento Islamista que aspira a establecer una sola nación. Creemos que la respuesta tiene 2 partes: Primero – El éxito del Movimiento en América, después de haber establecido una base Islamista practicante con suficiente poder y eficacia, será el mejor respaldo y apoyo para el proyecto del Movimiento global.

Segundo – El Movimiento global todavía no ha "distribuido los papeles" a todos sus anexos, describiendo que es lo que se espera de cada uno de los participantes en el proyecto para establecer una nación Islámica global. El día que esto ocurra, el impacto que los hijos de la rama Ikhwani Americana tendrán, será de amplio alcance y posiciones que pondrán a sus antepasados muy orgullosos de ellos.

8- **Incorporando Musulmanes al proyecto de colonización. Hay que ganarse su voluntad pese a la diferencia entre distintas facciones y colores en América y en Canadá. Ellos tienen que hacer de esto su causa, su futuro y los fundamentos de su vida como Islamita en esta parte del mundo:**

Estos temas requieren que aprendamos "el arte de negociar con otros," dadas todas las diferencias que existen. Necesitamos adoptar los métodos que dicen, "Toma de

16

la gente...lo mejor que tienen," de sus especializaciones, de sus experiencias en las artes, de su empeño y de sus aptitudes. Por gente, nos referimos a individuos o a miembros de organizaciones. La política pública de "tomar" debe de ser consistente con la del plan estratégico y la del proceso de colonización existente en los archivos. Pero el reto más grande que enfrentamos es: como conectarlos a todos dentro de la "orbita" de nuestro plan y dentro de la esfera de nuestro Movimiento para poder llegar al núcleo de nuestros intereses. Para mí, no hay otra opción, fuera de la de una alianza con aquellos que creen en nuestra religión y que están de acuerdo con nuestro trabajo. La Hermandad Musulmana está repleta de ellos. La arena islámica norteamericana está repleta de aquellos que están a la espera ..., los pioneros.

Lo importante es que podamos persuadir a nuestra gente y hacerles comprender el reto que enfrentamos nosotros los Musulmanes en este país, la convicción que tenemos en nuestro programa de colonización y comprender el beneficio que estos l acuerdos, colaboraciones y alianzas. nos reparan. En ese momento, si pidiéramos dinero, nos llegaría mucho, si buscáramos hombres, vendrían formando filas. Lo importante es que nuestro plan sea "el criterio y el balance" en nuestra relación con otros.

Hay dos puntos que debemos reconocer; el primero: que debemos comprender el balance de poderes que el Islam tiene en los Estados Unidos [este puede ser el tema de un futuro estudio]. El segundo punto: cualquier acuerdo que hayamos logrado con nuestros hermanos en "ICNA" (Circulo Islámico de Norteamérica) es señal que estamos yendo por el camino correcto, es el comienzo de lo bueno, es la primera gota de agua necesaria para que una planta crezca.

9- **Re-examinando nuestros cuerpos estructurales y administrativos, el tipo de liderazgo y el método de selección más adecuado para los retos de nuestra misión colonizadora:**

El memorándum no mencionará ningún detalle sobre este tema, a pesar de ser lo lógico y teniendo mucho lo que decir.

10- **Expandiendo y desarrollando nuestras aptitudes y recursos, tanto humanos como financieros para que correspondan con la gran magnitud de nuestra misión:**

Si examináramos los recursos humanos y financieros que el Ikhwan solo, es dueño en este país, nos sentiríamos todos muy orgullosos. Es más, si le sumáramos a nuestros recursos, los recursos de nuestros amigos y aliados, aquellos que circulan en nuestra orbita y aquellos que levantan nuestra bandera, sabríamos que podemos abrir la puerta hacia la colonización y atravesarla, buscando llevar altísima la palabra de Dios Todopoderoso.

11- **Utilizando el método científico en el planeamiento y preparación de estudios necesarios para el programa de colonización:**

Si, efectivamente necesitamos este método, y necesitamos varios estudios que ayuden en esta operación de civilización Yihadista . Brevemente mencionaremos algunas:

- *La historia de la presencia Islamita en América.*

- *La historia de la presencia del Ikhwani en América.*

- *Análisis y critica de Movimientos Islamistas y organizaciones.*

- *Retos, requerimientos y estadísticas sobre el fenómeno de los centros y escuelas Islamitas.*

- *Minorías Islamistas*

- *Comunidades Musulmanas y Árabes*

- *La Sociedad Americana: composición y política*

- *La Sociedad Americana, su opinión de Islam y de los Musulmanes ... Y varios otros estudios más a los que podríamos dirigir la atención de nuestros hermanos y aliados a través de sus centros educacionales o por medio de iniciativas propias. Lo importante es comenzar.*

12- Hay que ponerse de acuerdo para adoptar un método flexible, equilibrado y claro para la implementación del proceso de colonización dentro de un "periodo de tiempo" gradual y justo que al mismo tiempo se adapte a las demandas y retos del proceso de colonización.

13- Hay que comprender a la sociedad Americana en todos sus aspectos socioculturales y comprendiendo como este conocimiento nos prepara para ejecutar nuestra misión de proselitismo en este país y de "como hacerlo crecer."

14- Hay que adoptar una "jurisprudencia" por escrito, que incluya procedimientos legales, políticas de gobierno e interpretaciones que sean apropiadas para las necesidades del proceso de colonización.

15- Hay que estar de acuerdo sobre los "criterios" y balances para que sirvan como antenas o torres de control para asegurar que todas nuestras prioridades, planes, programas, obras, liderazgo, dinero y actividades estén bien dirigidas hacia el proceso de colonización.

16- Hay que adoptar una formula práctica y flexible a través de la cual nuestro plan central complementa nuestro esfuerzo doméstico.

17- Hay que entender el papel a desempeñar la naturaleza del trabajo que el "Centro Islámico" tiene en cada ciudad, con el cual se lograra el proceso de colonización:

El centro que buscamos es el que constituye el "eje" de nuestro Movimiento, el "perímetro," el circulo de nuestro trabajo, "nuestro centro de equilibrio," la "base" para nuestro asenso y nuestro "Dar al-Arqam" para que nos instruya, nos prepare y nos provea de ejércitos, además de ser el "nicho" de nuestras oraciones.

Todo esto es para que el centro Islamita convierta – en acción y no solo en palabras – una semilla "en una pequeña sociedad Islamista" que viene a ser un reflejo de nuestras organizaciones centrales. El centro debe de convertirse en un "panal de abejas" que produce una miel dulce. Por consiguiente, convirtiendo el centro Islamita en un lugar de estudios, en un lugar para familias, para ejércitos, para cursillos, seminarios, visitas, deportes, escuelas, clubes sociales, grupos de mujeres, jardines de infancia para niños y niñas, además, en la oficina de resoluciones políticas domésticas y en el centro de distribución de nuestros periódicos, revistas, libros y productos audio visuales.

En resumen: queremos que el centro Islamista se convierta en "La Casa Dawa" y en el "centro general" basado en acciones más que en palabras. Al paso que vamos avanzando con la construcción de estos centros en todo el continente, estamos satisfechos de saber que estamos yendo por buen camino, implementando Dawa en este país.

En otras palabras, el papel de los "centros" debe ser el mismo papel que tuvieron "las mezquitas" durante el periodo del profeta de Dios, cuando las oraciones y su paz descendieron en él, en su marcha de conquista, llevando el Dawa, por primera vez a Medina. Desde su mezquita, el profeta pinto la vida Islamita y el aporte que la civilización tuvo en el mundo entero.

Esto obliga a que, eventualmente, la región, la sucursal y la Usra conviertan a los centros Islamitas en "salas de operaciones," con el propósito de que los Centros se vuelvan ejemplos de cómo planear, dirigir y supervisar.

18- Adoptando un sistema para la "selección" de trabajadores; "la distribución de roles" y la "asignación" de posiciones y responsabilidades basadas en la especialización individual y las aspiraciones personales. No debemos olvidar que debemos de tener en cuenta cuales son los requisitos necesarios que contribuirán al éxito del proceso de conquista.

19- Hay que convertir el principio de dedicación a los Masules de alto rango en nuestro grupo, en regla, base y política en nuestro trabajo.. Sin este principio, el proceso de conquista no podra realizarse.

[Este tema requiere una explicación más detallada].

20- Hay que comprender la importancia del cambio "organizacional" en nuestro movimiento y en la implementación de Yihad para facilitar el proceso de conquista, Dios el Todopoderoso nos lo permita:

La razón por la cual dejamos este párrafo hasta el final, es para enfatizar su importancia, ya que representa la esencia de este memorándum. A la vez representa el aspecto practico y la verdadera medida de nuestro éxito o fracaso. No necesitamos elaborar sobre estructuras ni sobre organizaciones. Está de más decirlo, que el pionero en organización y estructuras fue nuestro profeta Mohamed, que la paz de Dios, su misericordia y sus bendiciones estén con él. Así como cuando Mohamed puso las bases para la primera entidad totalmente estructurada dentro del mundo civilizado, que es la mezquita, "la organización más completa." Todo esto fue realizado por el pionero de la Dawa Islamista contemporánea, el Imán mártir Hasan al-Banna, Dios tuvo misericordia en él, cuando junto a sus hermanos, sintió la necesidad de "recrear" Islam y su Movimiento. Esto lo llevo a fundar organizaciones con todo tipos de ramas, económicas, sociales, de comunicación, de vigilancia, profesionales e inclusive militares. Debemos decir que estamos en un país que solo entiende el lenguaje organizacional, que no respeta ni le da peso a ningún grupo que no mantenga el orden en el marco de organizaciones eficaces, útiles y fuertes.

Es nuestra buena suerte tener entre nosotros a hermanos que siguen esta "tendencia," que tienen la mentalidad o la inclinación de reconstruir nuestras organizaciones, las mismas que una vez fueron derrotadas con acciones y palabras. Como dijo Sadam en Egipto una vez, "Queremos construir un país basado en estructuras" - palabras correctas pero con el sentido equivocado. Les digo hermanos, levantemos la bandera de la verdad para establecer lo que es correcto. "Queremos establecer un Grupo de organizaciones," porque sin ellas no podremos caminar en el sendero adecuado.

- *De ahora en adelante, para poder completar el proceso de conquista debemos planear y trabajar para prepararnos y equiparnos. Debemos provisionar a nuestros hermanos, a nuestros equipos, a nuestras secciones y a nuestros comités para así convertirnos en forma gradual y balanceada en organizaciones extensas que nos permitan enfrentar la realidad y cualquier cambio que sea necesario. Lo que nos alienta a seguir adelante, aparte de lo mencionado anteriormente, es que nosotros poseemos las "semillas" para construir cada organización, comenzando con la organización que llamamos ISNA [Mire el anexo adjunto número (1)].*

- *Lo que necesitamos es perfeccionar, coordinar y recolectar todos sus elementos, integrando el esfuerzo de cada uno por su lado para después reconectarlos con el plan total que buscamos. Por ejemplo, tenemos una semilla para organización "de arte y de comunicación general": somos dueños de una imprenta, abastecida con equipos tipográficos avanzados, centros audiovisuales, oficinas de producción de arte, revistas en Árabe y en Ingles [Los Horizontes, La Esperanza, Los Políticos, Ila Falastine, Recortes de Prensa, al-Zaytouna, El Monitor Palestino, Revistas de Ciencias Sociales...] mas grupos de arte, fotógrafos, productores, anfitriones de televisión, periodistas, además de varios otros medios de arte y de comunicación que nos permiten llegar a nuestro objetivo.*

Otro ejemplo:

Tenemos la semilla para un "programa educacional total sobre Dawa": Tenemos la sección de Dawa en ISNA, más la Fundación Dr. Jamal Badawi, más el centro que el hermano Harned al-Ghazali opera, más el Comité del centro Dawa que el hermano Shaker al-Sayyed está tratando de fundar, además de otras varias contribuciones.

Esto se aplica a todas las organizaciones que estamos fundando.

- *El reto más grande que se nos presenta es como recolectar todas las semillas o elementos "dispersos" e incorporarlos dentro de las organizaciones seguras y "asentadas," unidas con nuestro Movimiento, que giran en nuestra orbita y siguen nuestra dirección. Esto no previene, más bien requiere que cada organización central, con todas sus ramas locales, se mantenga conectada al centro Islamita de cada ciudad.*

- *Lo que se necesita es preparar el ambiente y preparar los medios de cómo lograr "la integración" de todas las secciones, los comités, las regiones y las ramas. El objetivo es que las Usras se conviertan, eventualmente, en el eje de estas organizaciones.*

Las siguientes son las bases necesarias para que el cambio ocurra:

1 – El Ministerio del Movimiento + La Secretaria	*- El Centro General, de Organización y Administración*
2 - El Ministerio de Educación + Dawa Com.	*- Dawa y el Departamento de Educación*
3 - El Ministerio de las Hermanas	*- El Departamento de Mujeres*
4 - El Ministerio de Finanzas + Comité de Inversiones + El Legado	*- Organización económica*
5 - El Ministerio de la Juventud + Departamento de Organizaciones Juveniles	*- Organizaciones para Jóvenes*
6 - El Comité Social + El Comité de Matrimonio + La Fundación de Beneficencia	*- Las Organizaciones Sociales*
7 - El Comité de Seguridad	*- Organizaciones de Seguridad*
8 - El Ministerio de Política + Comité Palestino	*- Las Organizaciones Políticas*
9 - La Corte Judicial del Grupo + El Comité Legal	*- Las Organizaciones Judiciales*
10 - Ministerio de Trabajo Domestico	*- Su responsabilidad será distribuida dentro del resto de las organizaciones*
11 - Nuestras Revistas + lo impreso + grupos de arte	*- Organizaciones de Arte y de Medios de la Comunicación*

12 - La Asociación de Estudios + Editorial + Dar al-Kitab	- La Organización Cultural e Intelectual
13 - Sociedades Científicas e Intermediarias	- Organizaciones Científicas, Educacionales y Profesionales
14 - La Conferencia Organizacional	- La Conferencia Fundadora Islamita-Americana
15 - El Consejo Shura + Comité Planificador	- El Consejo Shura para el Movimiento Islamita-Americano
16 - La Oficina Ejecutiva	- La Oficina Ejecutiva del Movimiento Islamita-Americano
17 - El General Masul	- Presidente del Movimiento Islamita y su Vocero oficial
18 - Las regiones, ramas y Usras	- Lideres de Campos dentro de centros Islamitas

Cinco: Organización Completa de Conquista:

Entonces buscaremos y lucharemos para convertir a cada una de las organizaciones mencionadas anteriormente, en organizaciones muy completas durante los días y los años que sigamos en este país (EEUU). Lo importante es que dejemos listos los cimientos, para que las próximas generaciones nos sigan y terminen la marcha en el camino claramente definido.

Como clarificación a lo que llamamos organizaciones completas y especializadas,la siguiente es una lista de las características y atributos de las organizaciones que ofrecen más "promesa."

1-   **Del Dawa y su aspecto educacional [Dawa y el Departamento de Educación]: que incluya:**

-    La Organización para la difusión del Dawa (A nivel Central y de ramas locales)

-    Un instituto para graduar Comentaristas y Educadores.

24

- *Autoridades Académicas, Comentaristas, Educadores, Predicadores y Presentadores de Programas*

- *Arte y tecnología de la comunicación, de Transmisión y de Dawa.*

- *Una canal de televisión*

- *Una revista especializada en Dawa*

- *Una estación de radio*

- *El Consejo Islamita Superior para Comentaristas y Educadores*

- *Sociedades de Camaradería con otras religiones y demás.*

2- **Sobre Política [La Organización Política]: que incluya:**

- *Un partido político central*

- *Oficinas políticas locales*

- *Símbolos políticos*

- *Relaciones Publicas y Alianzas*

- *La Organización Americana para Acción Política Islamita*

- *Centros de Información Avanzada...entre otras cosas*

3- **Comunicación [Medios de Arte y Comunicación]: que incluyan:**

- *Un periódico diario*

- *Revistas semanales, mensuales y de estación*

- *Estaciones de radio*

- *Programas de televisión*

- *Centros audiovisuales*

- *Una revista para el niño Musulmán*

- *Una revista para la mujer Musulmana*

- *Una imprenta con equipo tipográfico*

- *Una oficina de producción*

- *Un estudio de fotografía y de grabación*

- *Bandas musicales para actuación, cantos litúrgicos y teatro*

- *Una oficina de mercadotecnia y de producción de arte...y cosas por el estilo.*

4- **Económicamente [La Organización Económica]: que incluya:**

- *Un banco Central Islamita*

- *Legado Islamita*

- *Proyectos de inversión*

- *Una organización para otorgar préstamos libres de impuestos...y demás.*

5- **Científica y Profesionalmente [La Organización Científica, Educacional y Profesional]: que incluya:**

- *Centros de investigación científica*

- *Organizaciones técnicas y de entrenamiento técnico*

- *Una universidad Islamita*

- *Escuelas Islamitas*

- *Un consejo para educación e investigación científica*

- *Centros de entrenamiento para profesores*

- *Sociedades científicas dentro de las escuelas*

- *Una oficina para orientación académica*

- *Un cuerpo de autores y de currículo Islámico, entre otras cosas.*

6- **Cultural e Intelectualmente [La Organización Cultural e Intelectual]: que incluya:**

- *Un centro de estudios e investigación*

- *Fundaciones Culturales e Intelectuales como [La Sociedad de Ciencias Sociales – La Sociedad de Científicos e Ingenieros...]*

- *Una organización para la opinión y la cultura Islamita*

- *Una casa editorial de producción, de traducción y distribución de libros Islamitas*

- *Una oficina de archivos, de historia y de legitimación*

- *El proyecto de traducción el Noble Corán, los Nobles Dichos...y cosas por el estilo.*

7- **Socialmente [La Organización Social y de Beneficencia]: que incluya:**

- *Clubes sociales para gente joven e hijos e hijas de la comunidad*

- *Sociedades locales de beneficencia ligados a los centros Islamitas*

- *Organizaciones Islamistas para Combatir las Enfermedades Sociales de la Sociedad Americana*

- *Proyecto de viviendas Islamitas*

- *La oficina del Matrimonio y la familia...y cosas por el estilo.*

8- **Los Jóvenes [La Organización Juvenil]: que incluya:**

- *Fundaciones para jóvenes, locales y centrales*

- *Equipos y clubes deportivos*

- *Equipos de exploración ...y cosas por el estilo.*

9- **Mujeres [La Organización de Mujeres]: que incluya:**

- *Sociedades de Mujeres a nivel Central y local*

- *Organizaciones de entrenamiento, capacitación y de labores domésticos*

- *Una Organización para el entrenamiento de predicadoras femeninas*

- *Nidos de infancia Islamitas...y cosas por estilo.*

10- **Organizacional y Administrativamente [La Organización Administrativa y de Organización]: que incluya:**

- *Un instituto para entrenamiento, crecimiento, desarrollo y planificación*

- *Eminencias en este campo*

- *Sistemas de funcionamiento, reglamentos y actas constitutivas, calificadas a manejar las entidades y organizaciones más complejas.*

- *Una revista periódica sobre desarrollo y administración Islamita*

- *Ser propietarios de campamentos y salones para las diversas actividades*

- *Un banco de información, elecciones y censo*

- *Un sistema avanzado de comunicación*

- *Un sistema de archivo avanzado para nuestro patrimonio cultural y de producción...y demás*

11- **Seguridad [La Organización de Seguridad]: que incluya:**

- *Clubes para entrenamiento y preparación en técnicas de auto defensa.*

- *Un centro dedicado al tema de seguridad [Temas técnicos, intelectuales, tecnológicos y de interés humano]...y cosas por el estilo.*

12- **Legal [La Organización Legal]: que incluya:**

- *Un Consejo Central de Jurisprudencia*

- *Una Corte Central Islamita*

- *Una Sociedad de Abogados Islamitas*

- *Una Fundación para la Defensa de Derechos Islamitas...entre otras cosas.*

Dios mediante, triunfaremos.

Anexo número (1)

Una lista de nuestras organizaciones y organizaciones de nuestros amigos [Imagínense si todos siguiéramos el mismo plan!!!]

1- ISNA	*ISLAMIC SOCIETY OF NORTH AMERICA*	
2- MSA	*MUSLIMM STUDENT ASSOCIATION*	
3- MCA	*THE MUSLIM COMMUNITIES ASSOCIATION*	
4- AMSS	*THE ASSOCIATION OF MUSLIM SOCIAL SCIENTISTS*	
5- AMSE	*THE ASSOCIATION OF MUSLIM SCIENTISTS AND ENGINEERS*	
6- IMA	*ISLAMIC MEDICAL ASSOCIATION*	
7- ITC	*ISLAMIC TEACHING CENTER*	
8- NAIT	*NORTH AMERICAN ISLAMIC TRUST*	
9- FID	*FOUNDATION FOR INTERNATIONAL DEVELOPMENT*	
10- IHC	*ISLAMIC HOUSING COOPERATIVE*	
11- ICD	*ISLAMIC CENTERS DIVISION*	
12- ATP	*AMERICAN TRUST PUBLICATIONS*	
13- AVC	*AUDIO-VISUAL CENTER*	
14- IBS	*ISLAMIC BOOK SERVICE*	

15- MBA	*MUSLIM BUSINESSMEN ASSOCIATION*
16- MYNA	*MUSLIM YOUTH OF NORTH AMERICA*
17- IFC	*ISNA FIQH COMMITTEE*
18- IPAC	*ISNA POLITICAL AWARENESS COMMITTEE*
19- IED	*ISLAMIC EDUCATION DEPARTMENT*
20- MAYA	*MUSLIM ARAB YOUTH ASSOCIATION*
21- MISG	*MALASIAN [sic] ISLAMIC STUDY GROUP*
22- IAP	*ISLAMIC ASSOCIATION FOR PALESTINE*
23- UASR	*UNITED ASSOCIATION FOR STUDY AND RESEARCH*
24- OLF	*OCCUPIED LAND FOUNDATION*
25- MIA	*MERCY INTERNATIONAL ASSOCIATION*
26- ISNA	*ISLAMIC CIRCLE OF NORTH AMERICA*
27- BMI	*BAITFUL MAL INC*
28- IIIT	*INTERNATIONAL INSTITUTE FOR ISLAMIC THOUGHT*
29- IIC	*ISLAMIC INFORMATION CENTER*

SHARIA LA AMENAZA A AMERICA

Un ejercicio en Análisis Competitivo

REPORTE DEL EQUIPO B II

Por casi una década desde el ataque del 9/11, las organizaciones políticas encargadas de seguridad nacional en los Estados Unidos, han estado convencidos de que la amenaza que el terrorismo Islamita representa y el plan de cómo enfrentarnos a este peligro, viene directamente de la creencia de que esta agresión no tiene nada que ver con el Islam. La única excepción fue la idea de que al Qaeda tuvo una influencia "perversa" o que "secuestró" la religión.

Pero qué pasaría si esta interpretación del problema que seguimos enfrentando 11 años después del ataque del 9/11, está totalmente equivocada? Qué tal si realmente existiera un lazo directo entre lo que las autoridades Islamitas a todo nivel llaman "sharia" y el yihad que demanda de sus seguidores? Nosotros mismos somos testigos de las múltiples manifestaciones de violencia aterradora.

Que tal, si además de las agresiones, los yihadistas entablan un tipo de combate no violento, muchas veces más dañino, para conseguir el mismo objetivo: la supremacía de sharia en el mundo entero bajo el mando de un califa?

Durante seis meses, estas preguntas fueron el foco intensivo de estudio de un grupo de expertos en seguridad nacional tanto civiles como militares. Entre los miembros notables se encuentran, el ex Director de la Agencia Central de Inteligencia (CIA) R. James Woolsey, el ex Director de la Agencia de Inteligencia de Defensa, el Teniente General Harry "Ed" Soyster, el ex Sustituto Sub-Secretario de Defensa para Inteligencia, el Teniente General William G "Jerry" Boykin y el ex Asistente al Fiscal Federal, Andrew C. McCarthy.

Todo este grupo, forma parte del "Equipo B." Este, a su vez fue modelado siguiendo una iniciativa similar, la de proveer una segunda fuente de información crítica sobre las intenciones y el potencial de la Unión Soviética durante la Guerra Fría.

Este estudio fue el que ayudó a definir y a formar la base del plan que Ronald Reagan implementó para combatir el desafío en forma de apaciguamiento de nuestro enemigo ideológico totalitario, llamado "detente" (distensión). Finalmente, fue el reporte del Equipo B el que respaldó su estrategia como Presidente para derrotar a la Unión Soviética.

Como su antecesor, hoy en día, el Equipo B II contribuye con una "segunda opinión" drásticamente divergente de la posición oficial del gobierno Americano ("Equipo A") sobre el más importante desafío de nuestra época. Sharia: La Amenaza a América, contrarresta la idea que la presente ideología totalitaria dedicada a nuestra destrucción, puede ser ignorada, malinterpretada o apaciguada en nombre del equivalente contemporáneo a detente: llamado "un compromiso" de nuestra parte.

Sharia: La Amenaza a América demuestra una alarmante realidad: Que la administración de Obama y sus predecesores inmediatos de los dos partidos políticos – al igual que muchos gobiernos a nivel local y estatal – han estado cegados, en algunos casos obstinadamente y en cada caso, peligrosamente, a verdades fundamentales: la naturaleza verdadera del enemigo que enfrentamos; que es lo que lo motiva; el nivel de progreso que está consiguiendo hacia nuestra destrucción; y que es lo que debemos hacer para prevenir su éxito.

Esta situación es extremadamente peligrosa para nuestra Constitución, libertades, forma de gobierno y seguridad en general. No debemos permitir que persista.

Como un paso crítico hacia una corrección de rumbo necesario, el Equipo B II está muy orgulloso de presentar su muy atrasada y urgentemente necesaria contribución al debate público nacional sobre la verdadera fuente de yihadismo: sharia. Las conclusiones de este estudio son tanto convincentes como acreditadas.

Sharia: La Amenaza a América está a la venta en forma de libro o de Kindle en Amazon.com. Para mayor información sobre este proyecto, visite: securefreedom.org

34

La Hermandad Musulmana EN AMERICA

Un curso en 10 Partes

Presentado por *Frank Gaffney*

Se han preguntado alguna vez porque, después de más de doce años de lucha en contra esta amenaza – entre otras cosas la pérdida de miles de vidas en las guerras en Irak y Afganistán, el gasto de más de un trillón de dólares, incontables horas perdidas en aeropuertos haciendo fila para la inspección de seguridad y los innumerables intentos para no ofender a ningún activista Musulmán que vive permanentemente ofendido? – estamos más cerca de una victoria en la llamada "guerra contra el terror" de lo que estábamos en el 9/11?

Al menos hemos podido eliminar a algunos de estos personajes peligrosos. Lo triste es que el prospecto de una victoria se vuelve día a día más lejano. Y nadie puede darnos una explicación.

En un intento de contribuir con la respuesta que faltaba, el 24 de Abril de 2013, el Center for Security Policy hizo público y gratuito a través del Internet, un curso en diez partes llamado "La Hermandad Musulmana en América: El Enemigo Adentro." Este curso conecta todos los hechos basados en un vasto campo de información pública e información de primeras fuentes, para presentar un cuadro que por muchas décadas ha sido ocultado, negado y suprimido:

Otra amenaza para América, aun mucho más peligrosa que la amenaza del yihad violento - es la sigilosa y pre-violenta forma de guerra, apuntada a destruir nuestra forma constitucional de gobierno en una sociedad con libertad de expresión. La Hermandad Musulmana es la más activa promovedora detrás de la campaña sediciosa que ellos llaman: "yihad de la civilización."

La Hermandad Musulmana en América está a la venta en forma de DVD en Amazon y a través de securefreedom.org

Actualizado en Julio, 2017

35